낭송

명심보감

낭송Q시리즈 샛별편 낭송 명심보감

발행일 초판1쇄 2016년 3월 10일(丙申年 辛卯月 辛卯日)
지은이 범입본 | **풀어 읽은이** 이수민 | **펴낸곳** 북드라망 | **펴낸이** 김현경 |
주소 서울시 중구 청파로 464, 101-2206(중림동, 브라운스톤서울) |
전화 02-739-9918 | **이메일** bookdramang@gmail.com

ISBN 979-11-86851-20-3 04190 979-11-86851-17-3(세트) | 이 도서의 국립중앙도서관 출판시도서목록(CIP)은 서지정보유통지원시스템 홈페이지(http://seoji.nl.go.kr)와 국가자료공동목록시스템(http://www.nl.go.kr/kolisnet)에서 이용하실 수 있습니다.(CIP제어번호: CIP2016005337) |

책으로 여는 지혜의 인드라망, 북드라망 www.bookdramang.com

낭송
Q
시리즈

샛별편
02

明心

낭송
명심보감

寶鑑

범입본
지음

이수민
풀어
읽음

우응순
감수

티

▶낭송Q시리즈 샛별편 『낭송 명심보감』 사용설명서◀

1. '낭송Q'시리즈의 '낭송Q'는 '낭송의 달인 호모 큐라스'의 약자입니다. '큐라스'(curas)는 '케어'(care)의 어원인 라틴어로 배려, 보살핌, 관리, 집필, 치유 등의 뜻이 있습니다. '호모 큐라스'는 고전평론가 고미숙이 만든 조어로, 자기배려를 하는 사람, 즉 자신의 욕망과 호흡의 불균형을 조절하는 능력을 지닌 사람을 뜻하며, 낭송의 달인이 호모 큐라스인 까닭은 고전을 낭송함으로써 내 몸과 우주가 감응하게 하는 것이야말로 최고의 양생법이자, 자기배려이기 때문입니다(낭송의 인문학적 배경에 대해 더 궁금하신 분들은 고미숙의 『낭송의 달인 호모 큐라스』를 참고해 주십시오).

2. 낭송Q시리즈는 '낭송'을 위한 책입니다. 따라서 이 책은 꼭 소리 내어 읽어 주시고, 나아가 짧은 구절이라도 암송해 보실 때 더욱 빛을 발합니다. 머리와 입이 하나가 되어 책이 없어도 내 몸 안에서 소리가 흘러나오는 것, 그것이 바로 낭송입니다. 이를 위해 낭송Q시리즈의 책들은 모두 수십 개의 짧은 장들로 이루어져 있습니다. 암송에 도전해 볼 수 있는 분량들로 나누어 각 고전의 맛을 머리로, 몸으로 느낄 수 있도록 각 책의 '풀어 읽은이'들이 고심했습니다.

3. 최고의 양생법이자 새로운 독서법으로서의 '낭송'을 처음으로 세상에 알린 낭송Q시리즈의 시즌 1은 동청룡·남주작·서백호·북현무편으로 이루어져 있으며, 사계절의 기운을 담고 있는 것을 특징으로 합니다. 동청룡편에는 봄의 창조적인 기운, 남주작편에는 여름의 발산력과 화려함, 서백호편에는 가을의 결단력, 북현무편에는 지혜와 상상력을 키울 수 있는 고요함을 품고 있는 고전들이 속해 있습니다. 각 편의 서두에는 판소리계 소설을, 마무리에는 『동의보감』을 네 편으로 나누어 하나씩 넣었고, 그 사이에는 유교와 불교의 경전, 그리고 동아시아 최고의 명문장들을 배열했습니다.

▷ 동청룡: 『낭송 춘향전』, 『낭송 논어/맹자』, 『낭송 아함경』, 『낭송 열자』, 『낭송 열하일기』, 『낭송 전습록』, 『낭송 동의보감 내경편』

▷ 남주작 : 『낭송 변강쇠가/적벽가』, 『낭송 금강경 외』, 『낭송 삼국지』, 『낭송 장자』, 『낭송 주자어류』, 『낭송 홍루몽』, 『낭송 동의보감 외형편』

▷ 서백호 : 『낭송 흥보전』, 『낭송 서유기』, 『낭송 선어록』, 『낭송 손자병법/오자병법』, 『낭송 이옥』, 『낭송 한비자』, 『낭송 동의보감 잡병편 (1)』

▷ 북현무 : 『낭송 토끼전/심청전』, 『낭송 도덕경/계사전』, 『낭송 대승기신론』, 『낭송 동의수세보원』, 『낭송 사기열전』, 『낭송 18세기 소품문』, 『낭송 동의보감 잡병편 (2)』

4. **새롭게 선보이는 낭송Q시리즈 시즌 2는** 고전과 몸 그리고 일상이 조화를 이루는 훈련으로서의 낭송에 초점을 맞춰, **샛별편과 원문으로 읽는 디딤돌편으로 구성했습니다.**

▷ 샛별편: 저녁 무렵 가장 먼저 하늘에 나타나며 다음날 새벽까지 가장 오래 하늘에 머물러 있는 샛별처럼, 전통시대의 초학자들이 제일 먼저 배우며 가장 오래도록 몸과 마음에 새겨놓았던 『천자문』, 『추구』, 『격몽요결』, 『명심보감』 등을 낭송합니다. 『낭송 천자문/추구』를 통해 동양고전의 가장 기본이 되는 한자와 문형을 입으로 익히며, 『낭송 명심보감』, 『낭송 격몽요결』을 통해 공부와 관계의 바탕을 낭송으로 체득합니다.

▷ 원문으로 읽는 디딤돌편: 동양사상의 기본 중의 기본, 고전 중의 고전을 한문 원문과 함께 낭송합니다. 『낭송 대학/중용』을 필두로 『낭송 주역』, 『낭송 논어』, 『낭송 맹자』 등이 나올 예정입니다. 몸으로 익힌 원문의 리듬이 디딤돌이 되어 동양고전과 자유자재로 접속할 수 있는 힘을 키워 줍니다. 원문으로 읽는 디딤돌편은 다양한 방법으로 활용할 수 있습니다. 풀어진 글, 원문을 따로 혹은 같이 낭송하실 수도 있고, 가족이나 친구 혹은 연인끼리 서로 파트를 나누어 풀어진 글과 원문을 낭송하실 수도 있습니다. 단언컨대, 낭송의 방법은 무궁무진합니다!

5. 낭송Q시리즈 샛별편인 이 책 『낭송 명심보감』은 『명심보감』(明心寶鑑) 통용 '초략본'을 풀어 읽은이가 그 편제를 새롭게 하여 옮기고 엮은 것입니다.

차례

명심보감

明心寶鑑

3부

행복은 어디에서 오는가 51

4부

배움을 통해 얻는 사람의 길 63

명심보감

5부

욕심을 버리고 사신을 돌아보자 79

6부

세상의 모든 것은 마음먹기에 달려 있다 101

明心寶鑑

7부

스스로의 경계로 삼다 119

8부

예(禮)로써 완성하는 사회 141

낭송
명심보감

머리말

마음을 밝히는 보배로운 거울, 명심보감

1. 흔한 이야기, 그래서 중요한 이야기

『명심보감』明心寶鑑은 "마음을 밝히는 보배로운 거울"이라는 뜻으로 명明나라 사람 범입본范立本이 지은 일종의 명언집이다. 중국의 고전에서 골라 뽑은 다양한 격언과 금언, 속담, 문장들을 엮어서 만든 책이다. 그래서 대부분의 사람들이 『명심보감』을 읽지 않았어도 알고 있는 문장이 하나둘 정도는 있다. 바로 『명심보감』의 첫 문장이 그렇다.

공자가 말하였다.
"선善한 일을 하는 사람에게는 하늘이 복을 준다.
선한 일을 하지 않는 사람에게는 하늘이 재앙을 내린다."

처음 이 문장을 보았을 땐 『성경』에 나오는 말 같다고 생각했다. 그러고 보니 이런 말은 정말 '좋은 말씀'을 담은 책이라면 어디에나 나오는 말 같다. 그래서 처음엔 『명심보감』이 너무 뻔한 이야기를 담은 그냥 그런 책이려니 하는 생각이 들었다. 공부가 되거나 다른 사람에게 감동을 주려면 조금 어렵거나, 새롭거나 해야 한 번 더 보고 싶은 생각이 들 것 같은데, 첫 문장부터 어디서나 볼 수 있는 문장이 나오니 '별 이야기

없겠구나' 하는 생각도 들었다. 사실 『명심보감』을 보면 '이게 여기서 나온 거였구나' 하면서 낯익은 이야기 앞에 머리를 끄덕이며 책을 읽게 된다. 정말 어디서 많이 들어 본, 다 아는 이야기와 같이 느껴졌다.

그러나 다시 생각해 보면 우리가 '안다'고 하는 것은 정말 아는 것일까? 나는 오랫동안 '안다'는 것을 지식知識으로 생각했다. 그런데 동양고전을 공부하면서 '안다'는 것은 지식이 아니라 지혜智慧이며, 지혜는 고담준론高談峻論이 아니라 일상에서 드러나는 것이라는 것을 느꼈다. 쉽게 말로는 안다고 생각하지만 구체적인 행위로 일어나지 않는 앎은 사실 알고 있는 것은 아니라는 것이다. 우리가 정말 알고 있는 것은 '안다'고 생각하기 전에 이미 그렇게 하고 있는 경우가 많다. 우리가 일상적으로 하는 일들이 대부분 그렇다.

『명심보감』을 다시 소리 내어 읽었다. 이렇게 읽어 보니 알고 있다고 생각했던 이야기지만, 내가 현실에서는 이렇게 하고 있지 못했다는 생각에 새삼 고개가 절로 끄덕여졌다. 그리고 맨 처음 문장을 다시 보았다. 너무 뻔하고 흔하기 때문에 사실 중요한 이야기였다는 것을 지금까지는 못 느끼고 있었던 것이다. 흔한 것은 쉽기 때문이 아니라 그것이 기본이기 때문에 흔해진 것이다. 그래서 매번 강조해도 부족하다. 『명심보감』의 이야기들이 뻔하게 느껴지는 것은 이 속에 담긴 말들이 사람이 살아가는 데 있어서 기본이 되는 것들이기 때문이다.

2. 하늘의 섭리에서 인간의 일까지

『명심보감』은 조선시대에 들어 『천자문』千字文, 『격몽요결』擊蒙要訣, 『동몽선습』童蒙先習 등의 책들과 함께 아이들이 공부를 막 시작하면서 읽는 초학자용 입문서로 널리 쓰였다. 아마 우리에게 『명심보감』이라는 이름이 익숙한 이유도 『천자문』과 같이 오랫동안 서당에서 널리 사용되었기 때문일 것이다.

흔히 『명심보감』은 고려 말의 학자인 추적秋適이 지었다고 알려져 있다. 그런데 1974년 청주본 『명심보감』이 발견되면서 이 책의 원저자가 사실 추적이 아니라 명나라 사람인 범입본范立本이라는 것이 밝혀졌다. 『명심보감』은 명나라 초에 쓰였으며 우리나라에는 고려 말에 전해졌다. 조선 초기에 벌써 상당한 인기가 있었던 것으로 추측되는데, 단종 때(1454년) 이미 복간復刊본이 나올 정도였기 때문이다.

하지만 어쩐 일인지 그 뒤에 범입본이 지은 『명심보감』의 형태가 아니라 분량이 3분의 1로 줄어든 '초략본'이 원저자의 이름도 없이 등장했다. 원래 상하 20편으로 이루어진 범입본의 '초간본'이 사라지고, 19편으로 이루어진 '초략본'이 통용된 것이다. 조선 중기, 율곡栗谷 이이李珥가 쓴 『명심보감』의 서문과 발문이 유명한데 이 역시 '초략본'을 기본으로 한다. 이후 이 '초략본'에 우리나라 이야기를 덧붙여서 24편이 되었으며, 현재 통용되고 있는 『명심보감』은 「성심」편을 상, 하로 나누는 관례에 따라서 총 25편으로 되어 있다. 흥미로운 것은 『명심보감』이 정작 중국에서는 별로 인기가 없어서 지금은 거의 자취를 찾아보기 어렵다는 것이다.

『명심보감』을 편별로 간단히 보면, 선행을 권장하는 「계선」繼善편, 하늘의 섭리를 밝히는 「천명」天命편, 그러한 하늘의 섭리에 따르도록 권하는 「순명」順命편, 효를 실천하도록 하는 「효행」孝行편, 자기를 바르게 하라고 조언하는 「정기」正己편, 자기 분수를 지켜야 편안하다는 「안분」安分편, 성찰을 통해서 마음을 보존하는 법을 이르고 있는 「존심」存心편, 타고난 성품을 보존하기 위해서 삼가는 태도를 가지기를 권하는 「계성」戒性편, 배움에 힘쓰도록 권하는 「근학」勤學편, 자식을 가르치는 법에 대한 「훈자」訓子편, 마음을 살펴 자기를 성찰하도록 이르는 「성심」省心편, 가르침의 기본을 말하는 「입교」入敎편, 정치를 하는 사람의 자세를 말하는 「치정」治政편, 집안을 다스리는 법을 말한 「치가」治家편, 인간으로서 마땅히 가져야 하는 윤리를 말하는 「안의」安義편, 예의 문제를 다룬 「준례」遵禮편, 말조심을 할 것을 이르는 「언어」言語편, 친구의 사귐에 대해 말하는 「교우」交友편, 부녀자의 행실에 대해서 다룬 「부행」婦行편으로 총 19인데, 대부분 「성심」편을 상, 하로 나눈다. 지금 통용되고 있는 『명심보감』은 여기에 「증보」增補, 「팔반가」八反歌, 「효행속」孝行續, 「염의」廉義, 「권학」勸學의 5편을 더하여 총 25편으로 되어 있다.

『명심보감』의 편명들을 가만히 살펴보면 사람이 살아가면서 부딪히는 모든 일을 총망라한 것 같은 생각이 든다. 하늘의 섭리에서부터 인간의 일에 이르기까지, 개인의 성품의 문제에서부터 집안을 다스리는 법, 그리고 나라를 다스리는 정치의 문제까지 인간이 살아가면서 만나는 모든 문제에 대한 경구와 가르침을 주고 있다.

3. 시대를 넘어 전해지는 지혜

『명심보감』에 나오는 각 문장들의 출전도 다양하다. '공자가 말하였다', '맹자가 말하였다'와 같이 유가儒家의 대표적인 지혜가 대체로 많이 등장하지만, '장자가 말하였다', '열자가 말하였다'와 같은 도가道家 계열의 경구도 많이 볼 수 있다. 『명심보감』이 어떤 특정한 학파의 가르침이 아니라 다양한 삶의 지혜를 아우르고 있음을 알 수 있다.

『명심보감』에서 가장 많이 볼 수 있는 『경행록』景行錄은 송나라 때 만든 책이라고 하는데 현재 남아 있지는 않다. 『익지서』益智書 역시 송나라 때 지어진 책이라고만 전해진다. 또 『시경』詩經, 『서경』書經, 『주역』周易, 『논어』論語와 같은 사서삼경四書三經, 소강절의 문집인 『격양집』擊壤集, 그리고 『이견지』夷堅志와 같은 설화집도 등장한다. 특이한 점은 '장자가 말하였다'고 하는 구절들은 실제 『장자』에서는 볼 수 없다는 것이다.

또한 『명심보감』에 등장하는 사람들도 다양한 시대에서 불려나왔다. 주周나라의 강태공에서부터 춘추전국시대의 제자백가와 위진魏晉시대의 도연명陶淵明, 북송의 소동파蘇東坡와 같은 문인들, 주희朱熹나 사마광司馬光과 같은 송대의 유학자 등도 등장한다. 촉한蜀漢의 유비, 송나라의 진종과 같은 황제들의 조칙詔勅도 볼 수 있다.

'동악성제'와 같은 산신령이 등장하는 것도 재미있는 부분인데, 이들은 대부분 양생養生에 관련된 이야기를 많이 한다. 그래서 "항상 불이 나는 것을 대비하고, 밤마다 도둑이 오는 것을 방지해야 한다"와 같은 재미있는 문장도 만날 수 있다. 마치 요즘에 "외출할 때는 가스 밸브를 꼭 잠그고, 밤에는 문단속을 잘 하세요" 같다. 옛날 사람들과 요즘 사람들의 삶이 별반 다르지 않아 보인다.

이렇게 『명심보감』은 단순히 윤리적인 지침에 머물지 않고, 정말 삶의 지혜가 될 수 있는 아주 현실적인 지침을 주고 있다. 게다가 원문을 살펴보면 쉬운 한자와 대구로 이루어진 문장들이어서 읽기 쉽고, 외우기 쉽게 되어 있다. 『명심보감』의 내용은 읽고 또 읽어서 몸에 붙여 늘 생활에서 쓸 수 있도록 해야 하는 책이기 때문이다.

그래서 『낭송 명심보감』도 소리 내어 읽었을 때 자연스럽게 읽히도록 하는 데 힘썼다. 따라서 원문을 글자 뜻 그대로 옮기기보다는 지금 우리가 읽었을 때 뜻이 통하도록 하는 데 중점을 두었다. 너무 긴 설명을 필요로 하는 문장은 빼기도 했으며, '초략본' 뒤에 덧붙여진 5편의 이야기도 빼고 20편만 넣었다. 다만 「증보」편의 두 구절만 「계선」과 「계성」편을 다루는 곳에 넣었다. 그리고 각 편의 순서를 바꾸지는 않았지만 내용이 비슷한 것들을 엮어서 총 8부로 나누었다.

『명심보감』을 읽다 보면 지금의 가치관과 충돌하는 부분도 간혹 있으며, 앞에서 이야기한 대로 너무 흔해서 다 아는 이야기처럼 느껴지기도 한다. 그러나 『명심보감』을 '낭송'하다 보면 자연스럽게 내가 정말 이것을 알고 있는지, 정말 이렇게 살고 있는지 돌아보게 된다. 내게 『명심보감』은 여전히 '마음을 밝히는 보배로운 거울'이다.

명심보감

1부

선한 일을 하는 사람에게는 하늘이 복을 준다

1-1.
선한 일과 악한 일

1.

공자가 말하였다.

"선善한 일을 하는 사람에게는 하늘이 복을 준다.

선한 일을 하지 않는 사람에게는 하늘이 재앙을 내린다."

2.

촉한蜀漢의 유비가 아들 유선에게 유언을 남겼다.

"선한 일은 아무리 작은 일이라도 행하라.

악惡한 일은 아무리 작은 일이라도 행하지 말라."

3.

장자가 말하였다.

"하루라도 선한 일을 생각하지 않으면

악한 마음이 저절로 일어난다."

4.

강태공이 말하였다.

"선한 일 보기를 간절히 하라. 목마를 때 물을 찾듯이.

악한 일을 들으면 귀를 막아라. 듣지 못하는 듯이.

선한 일은 최대한 행하라.

악한 일 하기를 즐겨하지 말라."

5.

후한後漢의 마원馬援이 말하였다.

"선한 일은 종신토록 행하여도 오히려 부족하다.

악한 일은 하루만 행하여도 악이 남는다."

_계선[繼善 : 선함을 이음]편

1-2.
선을 행하여야 하는 이유

1.

북송北宋의 사마광司馬光이 말하였다.

"사람들은 자손에게 재산을 남겨 주려 애쓴다.

하지만 자손이 다 지킬 수는 없다.

자손에게 책을 남겨 주는 사람도 있다.

하지만 자손이 다 읽지는 않는다.

자손을 위한 계획은 음덕을 쌓는 것이 가장 좋다.

음덕은 다른 사람이 모르게 덕을 쌓는 것이다."

2.

『경행록』景行錄에서 말하였다.

"은혜와 의를 널리 베풀어라.

사람이 살다보면 서로 만나게 된다.

사람들과 원한을 맺지 말라.
좁은 길에서 만나면 피하기 어렵다."

3.

장자가 말하였다.
"나에게 잘해 주는 사람이 있으면 나도 그에게 잘해 준다.
나에게 악하게 하는 사람이 있어도 또한 그에게 잘해 준다.
내가 다른 사람에게 악하게 하지 않으면 누가 나에게 악하게 하겠는가?"

_ 계선[繼善: 선함을 이음]편

1-3.
선한 일에 힘써라

1.

동악성제東岳聖帝: 도교의 신선가 말하였다.

"단 하루라도 선행을 행하면, 복은 받지 못하더라도 재앙은 멀어진다.

단 하루라도 악행을 행하면, 재앙을 받지 않을지라도 복은 멀어진다.

선을 행하는 사람은 봄 동산에 자라는 풀과 같다. 자라는 것이 보이지 않아도 나날이 쑥쑥 자란다.

악을 행하는 사람은 칼을 가는 숫돌과 같다. 닳는 것이 보이지 않아도 나날이 닳아 없어진다."

2.

공자가 말하였다.

"선한 일을 보면 행하지 못할까 걱정하여 더욱 노력하고, 선하지 못한 일을 보면 끓는 물을 만진 것처럼 멀리하라."

3.

『주역』周易에서 말하였다.

"선을 쌓지 않으면 명예를 이룰 수 없고, 악을 쌓지 않으면 몸이 망가지지 않는다.

소인은 작은 선을 이로움이 없다는 이유로 행하지 않고, 작은 악행을 해로움이 없다고 하여 버리지 않는다.

그러므로 소인은 악이 쌓여서 가릴 수 없게 되고 죄가 커져서 벗어날 수 없게 된다."

_ 계선[繼善: 선함을 이음]편

1-4.
하늘은 사람의 마음속에 있다

1.

맹자가 말하였다.

“하늘의 뜻을 따르는 자는 살아남고

하늘의 뜻을 거스르는 자는 죽는다.”

2.

소강절 선생이 말하였다.

“하늘의 들으심은 고요하여 소리가 없도다.

푸르고 푸른 그 어느 곳에서 찾을까.

높이 있지도 멀리 있지도 않다네.

모두 사람의 마음속에 있도다.”

3.

현제玄帝가 말하였다.

“인간이 사사로이 나누는 말도, 하늘은 우레처럼 크게 듣는다. 어두운 방에서라도 마음을 속이면, 신神은 번개처럼 분명하게 본다.”

_ 천명[天命; 천명을 두려워함]편

1-5.
하늘에 죄를 지으면 빌 곳이 없다

1.

『익지서』益智書에서 말하였다.

"마음에 악함이 가득차면, 하늘이 반드시 벌을 내릴 것이다."

2.

장자가 말하였다.

"사람이 악행을 저지르고도, 명성을 얻는 경우가 있다.

사람들이 벌하지 않아도, 하늘이 반드시 그를 벌한다."

3.

오이를 심으면 오이를 얻고, 콩을 심으면 콩을 얻는다.

하늘의 그물은 넓고도 넓어 성기지만 새는 것은 없다.

4.

공자가 말하였다.

"하늘에 죄를 얻으면 빌 곳이 없다."

_ 천명[天命; 천명을 두려워함]편

1-6.
어쩔 수 없는 것이 있다

1.

공자가 말하였다.

"죽고 사는 것은 명命에 달려 있고,

부유하고 귀하게 되는 것은 하늘에 달려 있다."

2.

모든 일에는 분수가 이미 정해져 있거늘,

덧없는 인생이 부질없이 혼자서 바쁘구나.

3.

『경행록』景行錄에서 말하였다.

"재앙은 요행으로 벗어나지 못한다.

한 번 복이 왔으면 다시 구하지 말라."

4.

열자列子가 말하였다.

“어리석은 사람도 부자로 호화롭게 살 수 있고,

지혜롭고 총명한 사람도 가난해질 수 있다.

사람의 힘으로 어쩔 수 없는 것이 있다.”

_ 순명[順命; 천명을 따름]편

명심보감

2부

삶의 근본

2-1.
자식의 도리

1.

『시경』詩經에서 노래하였다.

"아버지 나를 낳으시고, 어머니 나를 기르셨네.

애달프다 부모님, 나를 낳아 기르느라 애쓰셨네.

깊은 은혜를 갚고자 하나 넓은 하늘처럼 끝이 없구나."

2.

공자가 말하였다.

"효자가 부모님을 섬길 때에는, 평소에 공경함을 다한다.

봉양할 때에는 즐거움을 다하고, 병이 드시면 마음을 다해 돌봐 드린다.

돌아가시면 슬픔을 다하여 장례를 치르고, 제사를 지낼 때에는 엄숙함을 다한다."

3.

공자가 말하였다.

“부모님이 살아계시면 멀리 놀러 가지 않는다.

놀러 가게 되면 반드시 가는 곳을 알려드린다.”

4.

공자가 말하였다.

“아버지가 부르시면 ‘예’ 하고 빨리 대답한다.

음식이 입에 있으면 뱉고 바로 달려간다.”

_ 효행[孝行; 효를 행함]편

2-2.
효를 행하면

1.

강태공이 말하였다.

"내가 부모님께 효도하면, 자식도 나에게 효도할 것이다.

나 자신이 효도하지 않는데 자식이 어찌 효도하겠는가."

2.

부모님께 효도하는 사람은 효도하는 자식을 낳는다.

부모의 뜻을 거스르는 사람은 자신의 뜻을 거스르는 자식을 낳는다.

저 처마 끝에서 떨어지는 물을 보라. 방울방울 떨어짐이 어긋남이 없다.

_효행[孝行: 효를 행함]편

2-3.
다른 사람에게 배우다

1.

『성리서』性理書에서 말하였다.

"다른 사람의 선한 점을 보게 되면, 나의 선함을 찾아야 한다.
다른 사람의 악한 점을 보게 되면, 나의 악함을 찾아야 한다.
이렇게 하면 자신을 바르게 하는 데 도움이 된다."

2.

『경행록』景行錄에서 말하였다.

"대장부는 다른 사람을 넓게 받아들여야 한다.
마땅히 다른 사람을 용서할지언정 다른 사람에게 용서받는 사람이 되지 말라."

3.

강태공이 말하였다.

“자신만을 귀하게 여기고 남을 하찮게 여기지 말라.

자신이 잘났다고 하여 다른 사람을 업신여기지 말라.

자신의 용맹만을 믿고 적을 가벼이 여기지 말라.”

4.

후한後漢의 마원馬援이 말하였다.

“다른 사람의 잘못을 듣게 되면 부모님의 성함을 들은 듯이 해야 한다. 귀로 들었지만 입으로 말해서는 안 된다.”

5.

소강절 선생이 말하였다.

“다른 사람이 비난하여도 성내지 말라.

다른 사람이 칭찬하여도 기뻐하지 말라.

다른 사람의 잘못을 들었더라도 맞장구치지 말라.

다른 사람의 좋은 점을 들으면 가까이 가서 그와 어울려라.

『시경』詩經에서 노래하였다.

‘선한 사람 보기를 즐겨하고, 선한 일 듣기를 즐겨하라.

선한 말 하기를 즐겨하고, 선한 뜻 행하기를 즐겨하라.

다른 사람의 악행을 듣거든 등에 가시가 돋은 듯이 하고,

다른 사람의 선행을 듣거든 난초향기를 지닌 듯이 하라.'"

6.

항상 칭찬만 하는 사람은 나를 해치는 사람이다.

나의 부족한 점을 말해 주는 사람이 진정한 나의 스승이다.

_ 정기[正己; 몸을 바르게 함]편

2-4.
경계해야 할 일

1.

강태공이 말하였다.

"부지런함은 값을 매길 수 없는 보배이다.

신중함이 나의 몸을 지켜준다."

2.

『경행록』景行錄에서 말하였다.

"욕심을 줄여야만 잘 살 수 있다.

부질없는 명예를 버려야만 몸을 지킬 수 있다.

욕심을 줄이는 것은 쉬우나, 명예를 버리는 것은 어렵다."

3.

공자가 말하였다.

"군자에게는 세 가지 경계해야 할 것이 있다.

젊은 시절에는 혈기가 안정되지 않으니, 여색에 빠지는 것을 경계해야 한다.

장년에는 혈기가 왕성하니, 싸움에 빠지는 것을 경계해야 한다.

나이가 들면 혈기가 쇠하여지니, 탐욕을 경계해야 한다."

4.

손진인孫眞人이 『양생명』養生銘에서 말하였다.

"분노가 심하면 기운이 상하고,

생각이 지나치게 많으면 정신이 상한다.

정신이 피곤하면 마음이 고달프고,

기운이 약하면 병이 생긴다.

슬퍼하고 기뻐하는 것을 지나치게 하지 말고,

음식을 골고루 먹어야 한다.

밤에 거듭하여 술을 마시지 말고,

새벽에 화내는 것을 삼가라."

5.

『경행록』에서 말하였다.

"음식을 담백하게 먹으면 정신이 상쾌해진다.

마음이 맑으면 잠자리가 편안하다."

6.

마음을 편안히 하여 사물을 대하라.
그러면 비록 책을 읽지 않았어도
덕이 있는 군자라 할 수 있다.

7.

『근사록』近思錄에서 말하였다.
"분노가 일어나는 것을 경계하라. 불길이 이는 것을 막듯이.
욕심이 커지는 것을 경계하라. 물이 넘치는 것을 막듯이."

8.

『이견지』夷堅志에서 말하였다.
"여색女色 피하기를 원수 피하듯이 하고,
찬바람 피하기를 화살 피하듯이 하라.
빈속에는 차를 마시지 말고, 밤중에는 밥을 적게 먹어라."

9.

순자荀子가 말하였다.

"쓸데없는 말을 하지 말고,

급하지 않은 일은 버려두어라."

_ 정기[正己; 몸을 바르게 함]편

2-5.
삼가고 또 삼가라

1.

공자가 말하였다.

"모두가 좋아하는 사람이 있다.

그래도 반드시 됨됨이를 살펴보아야 한다.

모두가 미워하는 사람이 있다.

그래도 찬찬히 확인해 보아야 한다."

2.

참된 군자는 술 취한 상태에서 중요한 약속을 하지 않는다.

대장부는 재물을 거래할 때 분명히 한다.

3.

모든 일을 너그럽게 처리하면 복은 저절로 온다.

4.

강태공이 말하였다.

“다른 사람을 알고 싶으면 먼저 자신을 알아야 한다.
다른 사람을 헐뜯는 말은 도리어 자신을 해친다.
입에 피를 머금었다 뿜는 것과 같으니,
먼저 자신의 입이 더러워질 것이다.”

5.

놀기만 하면 얻는 것이 없다.
오직 근면함이 인생을 보람있게 한다.

6.

강태공이 말하였다.

“다른 사람의 오이밭을 지날 때는 신을 고쳐 신지 말고,
자두나무 아래에서는 갓을 고쳐 쓰지 말라.
모두 오해를 부르는 행동이다.”

7.

『경행록』에서 말하였다.

“마음은 편할지언정 몸은 수고롭게 하지 않을 수 없다.

도는 즐길지언정 몸가짐은 걱정하지 않을 수 없다.
몸이 수고롭지 않으면 게을러져서 쉽게 망가지고,
몸가짐을 걱정하지 않으면 방종하여 안정되지 못한다.
진정한 편안함은 수고로움에서 생기니 항상 기쁠 수 있고,
진정한 즐거움은 근심에서 생기니 싫증나지 않게 된다.
마음이 편안하고 도를 즐기는 사람은 근심과 수고로움을 잊지 않는다."

8.

귀로는 다른 사람의 잘못을 듣지 말고,
눈으로는 다른 사람의 부족한 점을 보지 말며,
입으로는 다른 사람의 잘못을 말하지 말라.
이것이 군자의 행동이다.

9.

채옹蔡邕이 말하였다.
"마음속에 있는 기쁨과 분노는 말이 되어 입 밖으로 나가니,
삼가야 한다."

10.

제자 재여宰予: 재아가 낮잠을 잤다.

공자가 꾸짖으며 말하였다.

"썩은 나무는 조각할 수 없고, 더러운 흙으로 쌓은 담장은 손 볼 수 없다. 배우려는 마음이 부족한 것이다."

_ 정기[正己; 몸을 바르게 함]편

2-6.
마음을 진실되게 깨우치는 글

자허원군紫虛元君의 「성유심문」誠諭心文에서 말하였다.

"복福은 청렴하고 검소한 데서 생겨나고,

덕德은 자신을 낮추는 데서 나온다.

도道는 편안하고 고요한 데서 생겨나고,

명命은 조화롭고 즐거운 데서 나온다.

욕심이 많으면 근심이 생기고,

탐욕이 커지면 재앙이 생긴다.

경솔하고 교만하면 허물이 생기고,

어질지 못하면 죄를 짓게 된다.

눈으로는 다른 사람의 잘못을 보지 말고,

입으로는 다른 사람의 단점을 말하지 말라.

마음이 탐욕과 분노를 일으키지 않도록 하고,

몸이 나쁜 친구를 따르지 않도록 하라.

무익한 말을 함부로 하지 말고,

나와 상관없는 일을 함부로 하지 말라.

군왕을 존중하고, 부모에게 효도하며,

어른들을 공경하고 덕이 있는 사람을 받들라.

현명한 이와 어리석은 이를 분별하고,

배움이 없는 사람을 포용하라.

순리를 따르는 일을 물리치지 말고,

이미 지나간 일은 뒤쫓지 말라.

불우한 처지라도 분수 밖의 일을 바라지 말고,

이미 지나간 일은 생각하지 말라.

총명한 사람도 어두울 때가 있고,

미리 계획을 세워도 제대로 안 될 때가 있다.

다른 사람을 해치면 끝내 자기도 잃게 되고,

권세에 기대면 재앙이 따른다.

항상 마음으로 경계하여 자신을 굳건히 지켜라.

절약하지 않으면 집안이 망하고,

청렴하지 않으면 지위를 잃는다.

그대들이여, 평생토록 경계하고 신중하라.

위에서는 하늘이 거울로 비춰 보고,

아래에서는 땅의 신령이 살펴본다.

밝은 곳에서는 지켜야 할 법도가 서로 이어 있고,

어두운 곳에서는 귀신이 따르고 있다.

오직 바른 법을 지키고 속이지 말아야 한다.

경계하고 경계하라."

_ 정기[正己: 몸을 바르게 함]편

명심보감

3부

행복은 어디에서 오는가

3-1.
만족함을 아는 삶

1.

『경행록』景行錄에서 말하였다.

"만족함을 알면 사는 것이 즐겁다.

탐욕을 추구하면 항상 근심하게 된다."

2.

만족함을 아는 사람은 가난하게 살아도 즐겁다.

만족함을 알지 못하는 사람은 부귀를 누려도 항상 근심한다.

3.

분수에 넘치는 생각은 정신을 상하게 한다.

행동을 함부로 하면 재앙이 닥친다.

4.

만족함을 알아 항상 만족하면 종신토록 힘든 일을 겪지 않는다.

그칠 줄 알아서 항상 그치면 종신토록 부끄러울 일이 없다.

5.

『서경』書經에서 말하였다.

"자만하면 잃게 되고, 겸손하면 더해진다."

6.

「격양시」에서 말하였다.

"분수에 편안하면 몸에 욕됨이 없고,

기미를 알면 마음이 저절로 한가하다.

인간 세상에 살지만 인간 세상을 벗어나는 것이다."

7.

공자가 말하였다.

"그 지위에 있지 않으면, 그에 해당하는 정사政事를 논의하지 않는다."

_ 안분[安分; 분수에 편안함]편

3-2.
흔들리지 말고 지켜라

1.

『경행록』에서 말하였다.

"밀실密室에 혼자 앉아 있더라도

여러 사람이 보는 큰길에 앉아 있는 것처럼 생각하라.

마음을 조절하기를 여섯 마리 말을 몰듯이 신중히 하라.

허물을 피할 수 있는 길이다."

2.

「격양시」擊壤詩에서 노래하였다.

"부귀를 지혜나 노력으로 얻을 수 있다면,

공자는 젊어서 제후에 봉해졌으리라.

세상 사람들은 푸른 하늘의 뜻을 알지 못하니,

헛되이 밤늦도록 몸과 마음을 수고롭게 하는구나."

3.

범충선공范忠宣公이 자식들을 훈계하여 말하였다.

"지극히 어리석은 사람도 다른 사람을 꾸짖는 일은 잘한다.
지극히 총명한 사람도 자신을 용서하는 데는 너그럽다.
너희들은 항상 다른 사람을 꾸짖는 마음으로 자신을 꾸짖고,
자신에게 너그럽게 대하는 마음으로 다른 사람을 대하라.
그러면 성현의 경지에 이르지 못할까 걱정하지 않아도 된다."

4.

공자가 말하였다.

"총명하고 생각이 밝더라도 우직함으로 그것을 지켜야 한다.
천하를 덮을 만한 공로가 있어도 겸손함으로 그것을 지켜야 한다.
세상을 흔들 만한 용맹함이 있어도 두려움으로 그것을 지켜야 한다.
천하를 모두 가질 만한 부富가 있어도 양보하는 마음으로 그것을 지켜야 한다."

_ 존심[存心; 마음을 보존함]편

3-3.
부끄럽지 않게 살려면

1.

『소서』素書에서 말하였다.

"적게 베풀고 많이 바라는 사람은 보답을 받지 못한다.

부귀하게 된 후에 어려운 시절을 잊은 사람은 그 부귀가 오래가지 못한다."

2.

선행을 베풀었으면 보답을 구하지 말라.

다른 사람에게 주고 난 다음에는 후회하지 말라.

3.

손사막孫思邈이 말하였다.

"담력膽力을 크게 하려면 마음은 소심하게 가져야 한다.

지혜롭게 살고자 하면 행동을 반듯하게 해야 한다."

4.

생각은 항상 앞일을 대비해야 한다. 싸움터에 나가는 날처럼.

마음은 항상 조심스러워야 한다. 외나무다리를 건널 때와 같이.

5.

법을 두려워하며 지키면 나날이 즐겁다.

공적인 일을 속이면 매일매일이 걱정이다.

6.

주희가 말하였다.

"말은 가려서 해야 한다. 입을 병마개처럼 닫아라.

사사로운 생각이 일어날 수 있다. 성벽처럼 막아라."

7.

마음속으로 다른 사람을 배신하지 않으면

얼굴에 부끄러운 기색이 없다.

_ 존심[存心; 마음을 보존함]편

3-4.
후회하지 않고 살기

1.

백 살 넘게 사는 사람이 드문데도,

부질없이 천 년의 계획을 세운다.

2.

구래공寇萊公이 『육회명』六悔銘에서 말하였다.

"벼슬을 하면서 개인적인 이익을 취하면, 벼슬을 잃었을 때 후회한다.

부자가 쓰임새를 절약하지 않으면, 가난해졌을 때 후회한다.

젊었을 때에 열심히 배우지 않으면, 시기를 놓치고 후회한다.

일을 보고서 배우지 않으면, 그 일을 맡았을 때 후회한다.

술에 취해 함부로 말하면, 깨어났을 때 후회한다.

쉬어야 할 때 제대로 쉬지 않으면, 병들었을 때 후회한다."

3.

『익지서』益智書에서 말하였다.

"차라리 어려움 없이 가난하게 사는 것이, 큰일을 겪으면서 부유하게 사는 것보다 더 낫다.

차라리 별일 없이 초가에 사는 것이, 큰일을 겪으면서 좋은 집에 사는 것보다 낫다.

차라리 병이 없이 거친 밥을 먹는 것이, 병이 들어서 좋은 약을 먹는 것보다 낫다."

4.

마음이 편안하면 초가집도 편안하고,

성품이 안정되면 나물국도 향기롭다.

_ 존심[存心; 마음을 보존함]편

3-5. 마음먹기에 달려 있다

1.

『경행록』에서 말하였다.

"다른 사람을 꾸짖는 사람은 친구를 사귈 수 없다.

자신에게 너그러운 사람은 잘못을 고치지 못한다."

2.

이른 아침에 일어나 밤에 잠들 때까지 충성과 효도만을 생각하는 사람이 있다.

이런 사람은 다른 사람이 알아주지 않더라도 하늘이 반드시 그를 알아주니

후손들이 복을 받을 것이다.

배부르게 먹고 따뜻하게 입고서 편안하게 자기 몸만 생각하는 사람이 있다.

이런 사람은 몸은 편안하겠지만 그 후손은 어찌하겠는가.

3.

아내와 자식을 사랑하는 마음으로 부모를 섬긴다면
효도를 다하게 될 것이다.
부귀를 지키려는 마음으로 임금을 받든다면
어떤 상황에서도 충성을 다하게 될 것이다.
다른 사람을 책망하는 마음으로 자기를 반성한다면
잘못이 적을 것이다.
자기에게 너그럽게 하는 마음으로 다른 사람을 너그럽게 대한다면
진실한 친구를 사귈 수 있다.

4.

네가 계획하는 일이 옳지 않다면 후회한들 소용이 없을 것이다.
너의 견해가 바르지 못하면 배운들 무슨 도움이 있겠는가.
오로지 이익을 추구한다면 도리에 어긋나게 된다.
사사로운 생각만 한다면 맡은 일을 이룰 수 없다.

5.

일을 만들면 일이 생긴다.

일을 덜면 일이 줄어든다.

_ 존심[存心; 마음을 보존함]편

명심보감

4부

배움을 통해 얻는 사람의 길

4-1.
사람의 성품은 물과 같다

1.

『경행록』景行錄에서 말하였다.

“사람의 성품은 흐르는 물과 같다.

물이 한 번 쏟아지면 다시 담을 수 없듯이,

성품도 한 번 흐트러지면 돌이킬 수 없다.

물을 다스리려면 반드시 제방을 쌓아야 하고,

성품을 다스리려면 반드시 예법으로 해야 한다.”

2.

참을 수 있는 한 참아야 한다.

최대한 경계하여 신중해야 한다.

참지 못하고 신중하지 않으면 작은 일이 크게 된다.

3.

한순간의 분노를 참아야 한다.

그러면 뒤따르는 백날의 후회를 피할 수 있다.

4.

어리석은 사람이 쉽게 화내는 것은 이치에 통달하지 못했기 때문이다.

마음에서 분노가 일어날 때 키우지 말라.

귀에 거슬리는 말을 들으면 귓가를 스치는 바람으로 여겨라.

어느 곳이나 따뜻할 때도 서늘할 때도 있듯이, 집집마다 장점과 단점이 있다.

실상이 없는 시비是非를 가리는 것은 모두 헛되도다.

5.

서리를 밟게 되면 장차 단단한 얼음이 얼게 된다.

신하가 그 자신의 임금을 시해하고 자신의 아버지를 죽이는 일은 갑자기 이루어진 것이 아니다.

그러한 일이 일어난 원인은 오랜 기간 쌓인 것이다.

_ 계성[戒性; 성품을 경계함]편

4-2.
공자와 자장의 대화

자장子張이 하직 인사를 하며 공자에게 청했다.

"몸을 닦는 데 도움이 되는 한 마디를 해주십시오."

공자가 대답했다.

"모든 행실의 근본은 참는 것이 제일이다."

"왜 그렇습니까?"

"천자天子가 참으면 나라에 해로움이 없다.

제후諸侯가 참으면 나라가 커질 것이다.

관리가 참으면 지위가 올라간다.

형제가 참으면 집안이 부귀해진다.

부부 사이에 서로 참으면 평생을 함께할 수 있다.

친구끼리 서로 참으면 우정이 오래간다.

나 자신이 참으면 재앙을 입지 않는다."

자장이 다시 물었다.

"참지 않으면 어떻게 되나요?"

공자가 답했다.

"천자가 참지 않으면 나라가 어지러워 텅 비게 될 것이다.

제후가 참지 않으면 죽게 된다.

관리가 참지 않으면 처벌을 받는다.

형제간에 참지 않으면 서로 만나지 않게 된다.

부부 사이에 참지 않으면 자식이 외롭게 자란다.

친구 사이에 참지 않으면 우정이 멀어진다.

나 자신이 참지 않으면 어려움이 없어지지 않는다."

자장이 말했다.

"너무나 좋은 말씀이다. 참는 것은 중요하지만 행하기 어렵구나.

사람이 아니면 참지 못하고, 참지 못하면 사람이 아니구나."

_ 계성[戒性; 성품을 경계함]편

4-3.
참는 자에게 복이 있다

1.

『경행록』에서 말하였다.

“자기를 굽히는 사람은 중요한 자리에 앉을 수 있다.

이기기를 좋아하는 사람은 반드시 적이 생긴다.”

2.

악한 사람이 선한 사람을 욕할 때가 있으니,

선한 사람은 항상 대꾸하지 말라.

대꾸하지 않는 선한 사람은 마음이 맑고 한가할 것이나,

욕하는 사람은 입이 뜨겁게 끓어오를 것이다.

마치 사람이 하늘에 침을 뱉으면 도로 자기 몸에 떨어지는 것과 같다.

3.

이유 없이 다른 사람이 욕을 하는 경우가 있다.

귀가 들리지 않는 것처럼 못 들은 척하고 시비를 가리지 말라.

허공에서 타는 불과 같으니 저절로 꺼질 것이다.

내 마음이 허공과 같으니 상대방의 입만 아플 것이다.

4.

모든 일에는 인정이 있어야 하니,

훗날에 좋은 얼굴로 만나게 될 것이다.

_ 계성[戒性; 성품을 경계함]편

4-4.
사람이 배우지 않으면

1.

자하子夏가 말하였다.

"넓게 배우고 뜻을 돈독히 하라.

모르는 것은 절실하게 묻고, 행할 수 있는 일을 생각하라.

인仁이 그 가운데 있다."

2.

장자가 말하였다.

"사람으로 태어나서 배우지 않으면 하늘을 오르려 하는데 방법이 없는 것과 같다.

배워서 지혜가 원대해지는 것은 구름을 헤치고 푸른 하늘로 올라가는 것과 같다.

높은 산에 올라 천하를 바라보려면 배움에 뜻을 두어야 한다."

3.

『예기』禮記에서 말하였다.

“아무리 좋은 옥玉도 다듬지 않으면 그릇이 되지 못한다.

사람은 배우지 않으면 도리를 알지 못한다.”

4.

강태공이 말하였다.

“사람이 태어나서 배우지 않으면

어두운 밤길을 걸어가는 것과 같다.”

5.

한유韓愈가 말하였다.

“사람이 고금古今의 이치에 통달하지 못하면

소와 말에 옷을 입혀 놓은 것과 같다.”

_ 근학[勤學; 배움에 힘씀]편

4-5. 배움에 힘쓴다면

주자朱子가 말하였다.

"집안이 어렵더라도 배움을 포기해서는 안 된다.

집안이 부유하더라도 배움을 게을리해서는 안 된다.

집안이 어려운 자가 배움에 힘쓰면, 입신立身할 수 있다.

집안이 부유한 자가 배움에 힘쓰면, 명예가 빛날 것이다.

배운 사람은 성취가 있으니, 크게 이름을 남기는 것을 보았다.

배움은 내 몸 안의 보배이며, 배운 사람은 세상의 보배이다.

배우면 군자가 되고, 배우지 않으면 소인이 된다.

배움에 뜻을 둔 사람들은 마땅히 각자 배움에 힘써야 한다."

_ 근학[勤學; 배움에 힘씀]편

4-6.
배운 것을 잃을까 두렵다

1.

송나라 휘종徽宗이 말하였다.

"배운 사람은 벼와 같고, 배우지 않은 사람은 잡초와 같다.
벼와 같은 사람이여! 나라의 좋은 양식이요, 세상의 큰 보배로다.
잡초 같은 사람이여! 밭 가는 사람이 싫어하고 김매는 사람이 귀찮아하도다.
허송세월한 후에 후회하지만 이미 늙은 몸이리라."

2.

『논어』論語에서 말하였다.

"배울 때에는 항상 수준에 미치지 못하는 것이 있듯이 힘써 배우고, 오히려 배운 것을 잃을까 두려워해라."

_ 근학[勤學; 배움에 힘씀]편

4-7.
자식 교육의 중요성

1.

『경행록』景行錄에서 말하였다.

"손님이 찾아오지 않으면 집안이 기우는 것이다.

『시경』詩經과 『서경』書經을 가르치지 않으면 자손이 어리석게 된다."

2.

장자가 말하였다.

"아무리 작은 일도 행하지 않으면 이루지 못한다.

아무리 현명한 자식도 가르치지 않으면 똑똑해지지 않는다."

3.

『한서』漢書에서 말하였다.

"집 안에 황금을 쌓지 말라.

자식에게 좋은 책 한 권을 가르치는 것만 못하다.

자식에게 큰 재산을 물려주지 말라.

재능을 키워 주는 것만 못하다."

4.

책을 읽는 것만큼 즐거운 일은 없다.

자식을 가르치는 것만큼 중요한 일은 없다.

_ 훈자[訓子: 자식 교육]편

4-8.
어떻게 가르칠까

1.

송의 여형공呂滎公이 말하였다.

"집 안에서는 현명한 어버이와 형에게 배워야 한다.

집 밖에서는 엄한 스승과 좋은 친구에게 배워야 한다.

안과 밖에서 배운 후에야 큰 인물이 된다."

2.

강태공이 말하였다.

"남자가 배울 때를 놓치면 어리석은 사람이 되고,

여자가 배울 때를 놓치면 하는 일마다 엉성하게 된다."

3.

남자아이는 커가면서 놀이와 술을 익히지 못하게 하고,

여자아이는 커가면서 놀러 다니지 못하게 하라.

4.

엄한 아버지가 효자를 길러내고,

엄한 어머니는 효녀를 만든다.

5.

자식을 사랑하면 매를 많이 들고,

자식을 미워하면 먹을 것을 많이 주라.

6.

사람들은 구슬과 옥을 귀하게 여기지만,

현명한 자식이 재물보다 더 귀하다.

_ 훈자[訓子; 자식 교육]편

명심보감

5부

욕심을 버리고 자신을 돌아보자

5-1.
잘 살기 위한 방법

1.

『경행록』景行錄에서 말하였다.

“보물과 재물은 쓰고 나면 사라지지만,

충성과 효도는 다함이 없다.”

2.

집이 화목하면 가난해도 좋다.

화목하지 못하면 부유한들 무엇하겠는가.

효도하는 자식이 집안의 큰 복이다.

3.

자식이 효도하면 부모가 걱정이 없다.

아내가 어질면 남편이 근심이 없다.

지나친 음주는 말실수를 부른다.

친척 간에 사이가 멀어지는 것은 돈 때문이다.

4.

평범하지 않은 즐거움을 누리면,

예상하지 않았던 근심이 다가온다.

5.

총애를 받으면, 내쳐질 때를 생각해야 하고,

편안하게 지낼 때는 일이 위태로울 때를 생각해야 한다.

6.

누리는 영화榮華가 가벼우면 모욕을 당할 일도 적다.

이익이 크면 손해도 많다.

_ 성심[省心; 마음을 살핌] 상(上)편

5-2.
지나치면 근심을 부른다

1.

지나치게 아끼면 심한 낭비를 불러온다.

실상에서 벗어난 칭찬은 심한 비난을 가져온다.

지나친 기쁨에는 큰 근심이 따른다.

재물을 너무 쌓으면 한꺼번에 잃는다.

2.

공자가 말하였다.

"높은 낭떠러지에 오르지 않으면

어찌 굴러 떨어지는 근심을 알겠는가.

깊은 연못 가까이에 가지 않으면

어찌 빠져 죽는 걱정을 알겠는가.

큰 바다를 보지 않으면

어찌 거친 파도의 두려움을 알겠는가."

_ 성심[省心; 마음을 살핌] 상(上)편

5-3.
앞날은 알 수가 없다

1.

미래를 알려면 지나간 일을 살펴보라.

2.

공자가 말하였다.
"깨끗한 거울로 얼굴을 살필 수 있다.
지나간 일로 지금의 일을 알 수 있다."

3.

지나간 일은 거울처럼 알 수 있지만, 미래의 일은 칠흑처럼 어둡다. 지나간 일로 미래를 비출 수 있다.

4.

『경행록』에서 말하였다.

"저녁에는 내일 아침의 일을 알지 못하고,

오후에는 저녁에 무슨 일이 일어날지 단정할 수 없다.

하늘에는 예측할 수 없는 비바람이 분다.

사람에게는 아침저녁으로 변하는 화禍와 복福이 있다."

5.

부모에게 받은 몸을 백 살까지 온전히 보존하기 어렵고,

죽어서 흙으로 돌아가면 무덤을 백 년 동안 보존하기 어렵다.

6.

『경행록』에서 말하였다.

"잘 자란 나무는 뿌리가 튼튼하고 가지와 잎이 무성하여, 동량棟梁의 재목이 된다.

근원이 깊은 물은 힘차게 솟아 멀리까지 흘러가니, 논과 밭을 충분히 적실 수 있다.

사람을 잘 기르면 뜻과 기상이 크고, 식견이 밝아 충성스럽고 의로운 선비가 되니, 어찌 기르지 않겠는가?"

_ 성심[省心; 마음을 살핌] 상(上)편

5-4.
사람의 마음은 알 수 없다

1.

자신을 믿는 사람은 다른 사람도 그를 믿으니,

오吳와 월越 같은 원수 사이라도 형제가 될 수 있다.

자신을 의심하는 사람은 다른 사람도 그를 의심하니,

자신 이외에는 모두 적이 된다.

2.

의심스러운 사람은 쓰지 말라. 일단 쓴 사람은 의심하지 말라.

3.

『풍간』諷諫에서 말하였다.

"깊은 물 속에 있는 고기도 낚을 수 있고,

하늘 높이 나는 기러기도 쏘아 맞출 수 있다.

그러나 가까이 있는 사람의 마음은 헤아릴 수 없다.”

4.

호랑이를 그릴 때 가죽은 그릴 수 있지만 뼈는 그릴 수 없다.

사람의 얼굴은 알 수 있지만 마음은 알 수 없다.

5.

얼굴을 맞대고 이야기해도 마음은 먼 곳에 가 있기도 하다.

수많은 산들에 가로막혀 있는 것처럼.

6.

물이 마르면 바다의 바닥도 볼 수 있다.

사람의 마음은 죽더라도 알 수 없는 경우가 있다.

7.

강태공이 말하였다.

“사람은 앞날을 예견할 수 없다.

엄청난 바닷물을 말[斗]로 잴 수 없듯이.”

_ 성심[省心; 마음을 살핌] 상(上)편

5-5.
자신을 해치는 일을 하지 마라

1.

『경행록』에서 말하였다.

"다른 사람과 원수가 되는 것은 재앙의 씨를 심는 것이다.
선행을 하지 않는 것은 자신을 해치는 것이다."

2.

한쪽 입장만 들어 주면 다른 사람과의 관계가 멀어진다.

3.

배부르고 따뜻하게 살다보면 방종한 마음이 생긴다.
굶주리고 춥게 살면서도 올바른 생각을 할 수 있다.

4.

소광疏廣이 말하였다.

“어진 사람은 재물을 모으지 말라. 지조가 더럽혀진다.

어리석은 사람도 재물을 모으지 말라. 부족한 점이 더해진다.”

5.

가난하게 살다보면 식견이 짧아지고

복을 누리게 되면 마음이 넓어진다.

6.

한 가지 일을 겪을 때마다 지혜가 한 뼘씩 자란다.

_ 성심[省心; 마음을 살핌] 상(上)편

5-6.
저절로 향기가 퍼진다

1.

시비是非가 종일토록 그치지 않더라도

귀 기울이지 않으면 자연히 없어진다.

2.

찾아와서 시비를 말해 주는 사람이

바로 분란을 일으키는 사람이다.

3.

「격양시」擊壤詩에서 말하였다.

"평소에 미간을 찌푸릴 일을 만들지 않으면,

세상에 이를 가는 원수가 없을 것이다.

큰 명성을 어찌 돌에다 새기겠는가.

길가는 사람들의 칭송이 비석보다 낫다."

4.

사향麝香이 있으면 저절로 향기가 퍼진다.

굳이 바람을 향해 서 있겠는가?

5.

복을 다 누리지 말라.

복이 다하면 몸이 빈궁해진다.

권세가 있을 때 과시하지 말라.

권세가 다하면 원수가 나타난다.

복이 있거든 항상 조심하라.

권세가 있을 때는 항상 공손하라.

사람의 교만과 사치는 처음은 있으나 끝은 없다.

6.

송의 재상 왕단王旦이 「사류명」四留銘에서 말하였다.

"넉넉하여 다 쓰지 못한 재능은 조물주에게 돌려주어야 한다.

여유가 있어 다 쓰지 못한 녹봉은 조정에 돌려주어야 한다.

풍족하여 다 쓰지 못한 재물은 백성에게 돌려주어야 한다.

다 쓰지 못할 만큼 많은 복은 자손에게 돌려주어야 한다."

_ 성심[省心: 마음을 살핌] 상(上)편

5-7.
황금보다 귀한 것

1.

황금 천 냥이 귀하다고 하지만

남에게 듣는 좋은 말 한 마디가 천금보다 귀하다.

2.

재주 좋은 사람은 재주 없는 사람을 위해서 일한다.

인생의 즐거움은 괴로움에서 나온다.

3.

작은 배는 무거운 짐을 감당하지 못한다.

인적이 드문 길은 혼자 다니기에 적당하지 않다.

4.

황금은 귀한 것이지만, 편안하고 즐거운 삶이 더 가치 있다.

5.

집에 오는 손님을 따뜻하게 맞이해야 한다.

그래야만 나도 밖에서 따뜻하게 대접받는다.

가난하면 사람이 많은 거리에 살아도 서로 아는 사람이 적다.

부유하게 살면 깊은 산 속에 살아도 찾아오는 친구가 있다.

6.

가난하게 살다보면 사람과의 의리가 끊어진다.

세상의 인심은 돈 있는 집으로 쏠린다.

7.

밑 빠진 항아리는 막을 수 있지만, 코 아래 놓인 입은 막기 어렵다.

8.

어렵게 살다보면 사람의 정情은 멀어진다.

_ 성심[省心; 마음을 살핌] 상(上)편

5-8.
선비의 사귐

1.

『사기』史記에서 말하였다.

"하늘에 교제사를 지내고 종묘에서 제례를 올릴 때 술이 없으면 신이 오지 않는다.

임금과 신하, 친구 사이에도 술이 없으면 정이 쌓이지 않는다.

싸우고 난 후에 화해할 때도 술로 풀 수 있다.

이렇듯 세상일에는 술의 쓰임새가 많다.

다만 함부로 마시면 일을 그르칠 수도 있다."

2.

공자가 말하였다.

"도에 뜻을 둔 선비는 허름한 옷과 거친 음식을 부끄러워해서는 안 된다. 부끄러워한다면 함께 의견을 나눌 수 없다."

3.

순자가 말하였다.

"선비가 질투심 많은 친구를 가까이 하면,
현명한 친구를 사귈 수 없다.
임금 곁에 시기심 많은 신하가 있으면,
현명한 신하가 찾아오지 않는다."

_ 성심[省心; 마음을 살핌] 상(上)편

5-9.
인과응보

1.

하늘은 녹봉이 없는 사람을 낳지 않으며,

땅은 이름 없는 풀을 키우지 않는다.

2.

큰 부자는 하늘에서 낸다.

부지런하면 작은 부자는 될 수 있다.

3.

집안을 이룰 아이는 똥도 황금같이 아낀다.

집안을 망칠 아이는 황금을 똥처럼 쓴다.

4.

소강절 선생이 말하였다.

“한가하게 살면서 마음에 거리낌이 없다고 말하지 말라.

그러면 방해하는 일이 생긴다.

입에 맞는 음식도 많이 먹으면 병이 된다.

마음에 즐거운 일도 지나치면 재앙이 된다.

병든 후에 좋은 약을 먹는 것은 사전에 예방하는 것만 못하다.”

5.

재동제군梓潼帝君이 남긴 가르침에 나온다.

“아무리 좋은 약도 원한으로 생긴 병은 고치기 어렵다.

횡재도 명이 궁한 사람을 부자로 만들지 못한다.

일을 만들면 자꾸 일이 생기니 원망하지 말라.

다른 사람을 해치면서 해害가 돌아오는 것을 탓하지 말라.

천지간의 모든 일은 인과응보가 있다.

멀리는 자손에게 미치고 가까이는 나에게 닥친다.”

_ 성심[省心; 마음을 살핌] 상(上)편

5-10.
꽃은 피고 진다

1.

꽃은 피고 지고, 지었다가 또 핀다.
비단옷과 삼베옷도 번갈아 입게 된다.
호화로운 집도 항상 부귀한 것은 아니고,
가난한 집이라고 항상 쓸쓸하지도 않다.
사람을 받쳐주어도 푸른 하늘까지 오르지는 못하며,
떠민다고 모두 구덩이에 떨어지지도 않는다.
그대에게 권하노니,
모든 일에 하늘을 원망하지 말라.
하늘은 사람에게 후하게도 박하게도 하지 않는다.

2.

아아! 사람의 마음이 악독하기가 독사와 같구나.

누가 하늘의 눈이 수레바퀴처럼 굴러가는 것을 알겠는가?
작년에 동쪽 이웃의 물건을 빼앗더니,
오늘은 북쪽 이웃이 가져가는구나.
의롭지 않은 돈과 재물은 뜨거운 물에 뿌리는 눈[雪]과 같다.
뺏은 전답田畓은 물에 씻겨 가는 모래와 같다.
인생을 간교한 속임수로 산다면 덧없을 것이다.
아침에 피었다가 저녁에 지는 꽃과 같이.

3.
아무리 좋은 약이 있어도 재상의 수명을 연장할 수 없다.
아무리 돈이 많아도 자손의 현명함을 살 수 없다.

4.
하루 동안 맑고 한가롭게 산다면
하루 동안 신선이 된 것이다.

_ 성심[省心; 마음을 살핌] 상(上)편

명심보감

6부

세상의 모든 것은 마음먹기에 달려 있다

6-1. 진실한 마음에서 나온다

1.

송나라 진종真宗이 말하였다.

"위험과 험난함을 알게 되면, 법망에 걸리지 않는다.

선하고 어진 사람을 추천하면, 저절로 몸이 편안해진다.

인과 덕을 베풀면, 집안이 대대로 번창할 것이다.

시기하는 마음을 품고 원한을 갚으면, 자손에게 후한이 남는다.

남을 해쳐서 자신을 이롭게 하면, 후손이 이름을 빛내지 못한다.

많은 사람을 해쳐서 재산을 이룬다면, 그 부귀가 어찌 오래가겠는가?

이름을 바꾸면서까지 복을 구하는 것은 사람들의 교묘한 말 때문에 생긴 것이다.

재앙이 일어나고 몸을 상하게 되는 것은 이름 때문에 일어나는 일이 아니다. 어질지 못하여 스스로 불러들인 것이다."

2.

송나라 신종神宗이 말하였다.

"옳지 않은 방법으로 얻은 재물을 멀리하고,

정도에 지나치게 술을 마시지 말라.

살 곳을 정할 때는 이웃을 보아야 하며,

친구는 반드시 가려서 사귀어야 한다.

시기심과 질투를 마음에서 일으키지 말고,

남을 헐뜯는 말을 입에 올리지 말라.

친척 가운데 가난한 사람을 소홀히 대하지 말며,

남들 중에 부유한 사람을 후하게 대우하지 말라.

마음의 이기심을 이겨내는 데는 부지런함과 검소함이 가장 좋다. 겸손하고 온화하면 많은 사람과 원만히 지낸다.

지난날의 잘못을 생각하면 미래의 실수를 줄일 수 있다.

이런 나의 말을 따라서 나라와 집안을 다스리면 오래 보존할 수 있다."

3.

송나라 고종高宗이 말하였다.

"작은 불씨가 만 이랑의 땔감을 태울 수 있다.

한 마디의 잘못된 말이 평생의 덕을 허물 수도 있다.

몸에 걸친 옷을 보면 베 짜는 여인의 수고로움을 생각하라.
하루 세끼 밥을 먹을 때는 농부의 수고로움을 생각하라.
탐내고 시기해서 다른 사람을 해친다면 오래 지킨 편안함이 사라질 것이다.
선행을 쌓고 인을 지키면 후손에게 영화가 있을 것이다.
집안의 경사는 선행을 쌓은 데서 생긴다.
성인의 경지로 들어가는 것은 진실한 마음에서 나온다."

_ 성심[省心; 마음을 살핌] 하(下)편

6-2.
다른 사람을 보고, 나를 본다

1.

진晉의 왕량王良이 말하였다.

"임금이 어떤 사람인지 알고 싶으면 먼저 그 신하를 살펴보라.

상대방을 알고 싶으면 먼저 그의 친구를 보라.

부모를 알고 싶으면 먼저 그 집안의 자식을 보라.

임금이 훌륭하면 신하가 충성을 바친다.

부모가 인자하면 자식이 효도를 다한다."

2.

『공자가어』孔子家語에서 말하였다.

"물이 너무 맑으면 고기가 없고,

사람이 너무 까다로우면 주변에 사람이 없다."

3.

당唐의 허경종許敬宗이 말하였다.

"봄비는 만물을 기르지만, 길 가는 사람은 흙탕물을 싫어한다.

가을의 달빛은 밝게 비치지만, 도둑들은 싫어한다."

4.

『경행록』에서 말하였다.

"대장부는 선을 분명히 밝히기 때문에

명분과 절의를 태산보다 중하게 여긴다.

마음을 치밀하게 쓰기 때문에

죽고 사는 것을 기러기 털보다 가볍게 여길 수 있다."

_ 성심[省心: 마음을 살핌] 하(下)편

6-3.
먹줄을 따르듯이

1.

다른 사람의 악행을 보면 고민해야 한다.

다른 사람의 선행을 보면 즐거워해야 한다.

다급한 사람을 보면 도와주고, 위험한 사람을 보면 구해야 한다.

2.

눈으로 직접 본 일도 진실이 아닐 수 있다.

하물며 등 뒤에서 수근대는 말을 어찌 믿을 수 있겠는가?

3.

자기 집 두레박 줄이 짧은 것을 모르고,

다른 집 우물이 깊은 것을 원망하기 쉽다.

4.

부정하게 재물을 모으는 사람이 천하에 가득해도,

죄는 박복한 사람이 받는다.

5.

하늘의 법도가 어긋나면 심하게 바람이 불거나 비가 내린다.

사람이 법도를 지키지 않으면 병들거나 죽게 된다.

6.

「장원시」壯元詩에서 말하였다.

"나라를 바르게 다스리면 천심이 따르고,

관리가 청렴하면 백성의 살림살이가 편안해지리라.

아내가 현명하면 남편에게 미치는 재앙이 적어지고,

자식이 효도하면 부모의 마음이 너그러워지리라."

7.

공자가 말하였다.

"나무는 먹줄을 따르면 곧아지고,

사람은 곧은 말을 받아들이면 훌륭해진다."

8.

한 줄기 푸른 산에 경치가 아름다워라.

앞사람이 가꾸던 논밭을 뒷사람이 거둔다.

뒷사람은 거두었다고 기뻐하지 말라.

다시 거둘 사람이 뒤에 있도다.

_ 성심[省心; 마음을 살핌] 하(下)편

6-4.
그칠 때를 아는 것

1.

소동파가 말하였다.

"이유 없이 천금을 얻는 것은 큰 복이 아니다.

반드시 큰 화가 따를 것이다."

2.

소강절 선생이 말하였다.

"나에게 점을 쳐서 앞날을 알려 달라는 사람이 있다.

어떻게 하면 재앙이 되고 어떻게 하면 복이 되는지.

나는 항상 이렇게 대답한다.

내가 다른 사람을 해롭게 하면 이것이 화禍가되고,

다른 사람이 나를 해롭게 하면 이것이 복福이 된다.

나의 잘못을 고칠 수 있기 때문이다."

3.

천 칸이나 되는 큰 집에 살아도 방에 눕는 곳은 여덟 자뿐이다. 좋은 전답을 만 이랑이나 가졌어도 하루에 먹는 것은 두 되에 그친다.

4.

오래 머무르는 손님은 제대로 대접받지 못한다.
자주 찾아오는 손님은 친했던 사람도 멀어지니, 사흘이나 닷새 만에 찾아가도 처음처럼 반갑게 맞이하지 않는다.

5.

목마를 때 한 방울의 물은 감로수甘露水와 같다.
취한 후의 한 잔 술은 안 하니만 못하다.

6.

술이 사람을 취하게 하는 것이 아니라, 사람이 스스로 취한다.
아름다운 여인이 사람을 유혹하는 것이 아니라, 사람이 스스로 유혹된다.

_ 성심[省心; 마음을 살핌] 하(下)편

6-5.
자기를 생각하는 것만큼

1.

자기를 생각하는 것만큼 세상을 생각하는 마음이 있다면 무엇이 문제겠는가. 저절로 옳고 그름이 가려질 것이다.

도道를 향하는 마음이 간절하다면 부처가 되기에 충분하다.

2.

주돈이周敦頤 선생이 말하였다.

"약삭빠른 사람은 말이 앞서고, 순박한 사람은 말이 없다.

약삭빠른 사람은 항상 분주하게 일하고, 순박한 사람은 편안하게 산다.

약삭빠른 사람은 도리를 어기지만, 순박한 사람은 덕을 지킨다.

약삭빠른 사람은 흉하고, 순박한 사람은 길吉하다.

아아! 천하의 사람들이 순박하다면 형벌이 행해질 일이 없을 것이다.

윗사람은 편안하고 아랫사람은 순종하며,

풍속은 맑아지고 폐습은 사라진다."

3.

『주역』周易에서 말하였다.

"덕이 미미한데도 지위가 높은 사람이 있다.

식견이 부족한데도 크게 계획하는 사람이 있다.

재앙이 미치지 않는 경우가 드물다."

4.

『설원』說苑에서 말하였다.

"관리는 높은 자리에 오르면 태만해진다.

병은 조금 차도가 있고 나서 더 심해지기도 한다.

재앙은 게으르고 나태한 데서 생겨나고

효도는 처자식을 앞세우면 쇠해진다.

이 네 가지를 살펴서 처음부터 끝까지 같게 해야 한다."

5.

그릇은 가득 차면 넘치게 마련이고,

사람은 자만하면 잃게 된다.

6.

한 자 되는 큰 구슬이 보배가 아니다.

시간이 보배이니 짧은 시간도 헛되이 보내서는 안 된다.

7.

양고기로 끓인 국은 맛은 좋다.

하지만 모든 사람의 입맛을 맞추기는 어렵다.

_ 성심[省心; 마음을 살핌] 하(下)편

6-6.
가까이 있는 일이 하기 어렵다

1.

『익지서』益智書에서 말하였다.

"백옥은 진흙 속에 던져져도 그 빛이 더러워지지 않으며,
군자는 혼탁한 세상에서 살아도 마음이 물들지 않는다.
소나무와 잣나무는 추운 겨울의 눈과 서리를 견뎌내며,
밝은 지혜를 지닌 군자는 세상의 위험과 어려움을 헤쳐 갈 수 있다."

2.

산에 들어가 호랑이를 잡기는 쉬우나,
다른 사람의 잘못을 말해 주기는 어렵다.

3.

먼 곳에 있는 물로는 가까이에 있는 불을 끌 수 없다.

먼 곳에 사는 친척은 가까운 이웃만 못하다.

4.

강태공이 말하였다.

"해와 달이 비록 밝지만 엎어놓은 항아리 밑은 비출 수 없다.

칼날이 비록 날카롭지만 죄 없는 사람은 베지 못한다.

재앙과 횡액은 삼가는 집의 문 안으로는 들어오지 못한다."

_ 성심[省心; 마음을 살핌] 하(下)편

6-7.
역지사지(易地思之)

1.

강태공이 말하였다.

"좋은 밭 만 이랑을 가지고 있는 것이

작은 재능 하나를 지닌 것만 못하다."

2.

『성리서』性理書에서 말하였다.

"세상을 잘 사는 길은 내가 원하지 않는 것을 남에게 행하지 않는 것이다.

이렇게 했는데도 상대방의 마음을 얻지 못하면 돌이켜 자신을 성찰해야 한다."

3.

인생을 잘 살기 위해서 넘어야 할 네 가지 장애가 있다.

술과 여색[色]과 재물과 혈기이다.

현명한 이나 어리석은 이나 대부분 이 장벽에 갇혀 있다.

여기에서 벗어난다면 불사의 신선이 될 것이다.

_ 성심[省心; 마음을 살핌] 하(下)편

명심보감

7부

스스로의 경계로 삼다

7-1. 가르침의 근본

1.

공자가 말하였다.

"입신하는 데 의義가 있으니 효도가 근본이요,

상례를 치르는 데 예禮가 있으니 슬퍼함이 근본이다.

전쟁을 치름에 대열이 있으니 용맹함이 근본이요,

나라를 다스림에 이치가 있으니 농사가 근본이다.

나라를 유지하는 데 도道가 있으니 후사後嗣가 근본이 되고,

재물을 생산하는 데 시기가 있으니 힘이 근본이 된다."

2.

『경행록』景行錄에서 말하였다.

"정치를 하는 데 중요한 것은 공정과 청렴이다.

집안을 유지하는 원칙은 검소와 근면이다."

3.

글을 읽는 것은 집을 일으키는 근본이며,

이치를 따르는 것은 집을 보존하는 근본이다.

부지런하고 검소함은 집을 다스리는 근본이며,

화목하고 순한 것은 집안을 원만하게 하는 근본이다.

4.

『공자 삼계도』孔子三計圖에서 말하였다.

"일생의 계획은 어릴 때 세우고,

일 년의 계획은 봄에 세우며,

하루의 계획은 새벽에 세운다.

어려서부터 배우지 않으면 나이 들어서 아는 것이 없게 되고,

봄에 밭을 갈지 않으면 가을에 기대할 것이 없다.

새벽에 일어나지 않으면 하루의 계획을 제대로 세울 수 없다."

_ 입교[立敎: 가르침을 세움]편

7-2.
삼강오륜(三綱五倫)

1.

『성리서』性理書에서 말하였다.

"아버지와 자식 사이에는 친함이 있어야 한다.

신하와 임금 사이에는 의리가 있어야 한다.

부부 사이에는 분별이 있어야 한다.

어른과 어린이 사이에는 차례가 있어야 한다.

친구 사이에는 믿음이 있어야 한다.

이것이 오륜五倫이다."

2.

임금은 신하의 벼리[綱]근본가 된다.

아버지는 자식의 벼리가 된다.

남편은 아내의 벼리가 된다.

이것이 삼강三綱이다.

3.

제齊나라 사람 왕촉王蠋이 말하였다.

"충신은 두 임금을 섬기지 않고,

열녀烈女는 두 지아비를 섬기지 않는다."

4.

충자忠子가 말하였다.

"벼슬 할 때는 공평함이 제일 중요하고,

재물을 대할 때는 청렴만 한 것이 없다."

_ 입교[立敎; 가르침을 세움]편

7-3.
장사숙의 좌우명

장사숙張思淑의 「좌우명」座右銘에 열네 가지 조항이 있다.

“말은 반드시 진실되고 믿음이 있어야 한다.

행실은 반드시 돈독하고 공경스럽게 해야 한다.

음식은 아무거나 먹지 않고 반드시 절제해야 한다.

글자를 쓸 때는 반드시 반듯하고 바르게 써야 한다.

용모는 반드시 단정하고 엄숙해야 한다.

옷차림은 반드시 반듯하게 해야 한다.

걸음걸이는 반드시 차분하고 편안해야 한다.

거처하는 곳은 반드시 바르고 조용해야 한다.

일을 할 때는 반드시 계획을 세워서 시작해야 한다.

말을 할 때는 반드시 실행할 수 있는지 생각해야 한다.

지켜야 할 덕을 반드시 굳게 가져야 한다.

어떤 일을 승낙할 때는 반드시 신중하게 응해야 한다.

선을 보거든 자기에게서 나온 것처럼 하고,
악을 보거든 자신의 병처럼 생각하라.
이러한 열네 가지는 내가 아직 철저히 실행하지 못하고 있는 것이다.
자리 앞에 붙여 놓고 아침저녁으로 쳐다보아서 경계로 삼는다."

_ 입교[立敎; 가르침을 세움]편

7-4.
범익겸의 좌우명

범익겸范益謙의 「좌우명」에서 말하였다.

“첫째, 조정朝廷에서 논한 나라의 중대사를 집 안에서 말하지 않는다.

둘째, 주와 현에서 같이 일하는 관원들의 좋은 점과 나쁜 점에 대하여 말하지 않는다.

셋째, 여러 사람이 저지른 실수와 악한 일을 말하지 않는다.

넷째, 벼슬자리에 나가는 것과 힘이 있는 사람에게 의탁하는 것에 대하여 말하지 않는다.

다섯째, 재산의 많고 적음과 가난을 싫어하고 부자가 되고 싶은 것에 대하여 말하지 않는다.

여섯째, 음담패설을 하지 않는다.

일곱째, 다른 사람에게 물건을 요구하거나 술과 음식을 얻으려고 하지 않는다.

또 다른 사람이 부탁한 편지를 중간에 뜯어보거나 지체시켜서는 안 된다.

다른 사람과 같이 앉아 있으면서 그 사람의 사사로운 글을 훔쳐보지 않는다.

다른 사람의 집에 갔을 때 그의 글을 허락없이 읽지 않는다.

빌린 물건을 손상시키거나 돌려주지 않아서는 안 된다.

음식을 먹을 때 가려 먹지 않는다.

다른 사람과 같이 있을 때 자신만 편하려고 해서는 안 된다.

이러한 일들을 어기는 자가 있으면 그의 마음 씀이 바르지 않다는 것을 알 수 있다.

마음을 보존하고 몸을 닦는 데에 크게 해가 될 것이다.

「좌우명」을 써서 스스로 경계하노라."

_ 입교[立敎; 가르침을 세움]편

7-5. 무왕과 강태공의 대화

1.

무왕武王이 강태공에게 물었다.

"사람이 세상을 살아가는데 어찌하여 귀천과 빈부가 고르지 않습니까?"

강태공이 말하였다.

"부유한 자는 하늘에서 받은 천명天命을 절도 있게 쓴 것이고, 부유하지 못한 자는 집 안에 열 가지 도둑이 든 것처럼 함부로 썼기 때문입니다."

2.

무왕이 다시 물었다.

"열 가지 도둑이란 무엇입니까?"

강태공이 대답하였다.

"첫번째 도둑은 곡식이 익었는데도 제때에 거둬들이지 않는 것이요,
두번째 도둑은 거둔 곡식을 간수하지 않는 것입니다.
세번째 도둑은 일이 없는데도 불을 켜 놓고 잠을 자는 것이요,
네번째 도둑은 게을러서 농사짓지 않는 것입니다.
다섯번째 도둑은 매사에 노력하지 않는 것이요,
여섯번째 도둑은 교활하고 해가 되는 일만 하는 것입니다.
일곱번째 도둑은 기르는 딸이 너무 많은 것이요,
여덟번째 도둑은 낮잠을 많이 자고 늦게 일어나는 것입니다.
아홉번째 도둑은 술 마시기와 놀기를 좋아하는 것이요,
열번째 도둑은 다른 사람을 질투하는 것입니다.

3.

무왕이 물었다.
"집 안에 열 가지 도둑이 없는데도 부유하지 못한 것은 어째서입니까?"
강태공이 말했다.
"그런 사람의 집에는 반드시 세 가지 낭비가 있을 것입니다.
첫번째 낭비는 창고가 새거나 넘치는데도 제대로 관리하지 않아, 쥐나 새가 마구 먹는 것입니다.

두번째 낭비는 거두고 씨 뿌리는 때를 놓치는 것입니다.

세번째 낭비는 곡식을 버리고 함부로 관리하여 먹을 수 없게 만드는 것입니다."

4.

무왕이 물었다.

"집안에 세 가지 낭비가 없는데도 부유하지 못하다면 그것은 무엇 때문입니까?"

강태공이 대답하였다.

"그런 집안에는 이러한 잘못들이 있습니다.

첫째, 아들을 기르면서 제대로 가르치지 않는 잘못이 있습니다.

둘째, 어린아이들을 제대로 훈계하지 않는 잘못이 있습니다.

셋째, 며느리를 처음부터 엄하게 가르치지 않는 어리석음이 있습니다.

넷째, 말하기 전에 먼저 웃는 경솔함이 있습니다.

다섯째, 부모를 제대로 봉양하지 않는 불효가 있습니다.

여섯째, 건강을 제대로 챙기지 못하는 일입니다.

일곱째, 다투기를 좋아하는 일입니다.

여덟째, 주변 사람들과 어울려 놀기를 좋아하는 일입니다.

아홉째, 술을 너무 많이 마시고 다른 사람에게 강권하는 어리석음이 있습니다.

열째, 다른 사람에게 얻어먹는 처지가 되어서도 부끄러움을 모르는 일입니다.

이런 일들은 스스로 불러들인 재앙이지 하늘이 내린 재앙이 아닙니다."

무왕이 말하였다.

"매우 아름답고 좋은 말씀이십니다."

_ 입교[立敎: 가르침을 세움]편

7-6.
나랏일을 맡았을 때는

1.

명도明道 선생북송(北宋) 중기의 유학자 정호(程顥)이 말하였다.

"처음으로 벼슬을 하는 선비가 물건을 아껴 쓰는 데 마음을 둔다면, 다른 사람을 반드시 도울 수 있을 것이다."

2.

당나라 태종이 말하였다.

"위에는 지시하는 사람이 있고,

중간에는 행하는 관리가 있고,

아래에는 따르는 백성이 있다.

관리들은 백성이 바친 비단으로 옷을 지어 입고,

곳간에 있는 곡식으로 밥을 지어 먹으니,

너희들이 받는 녹봉은 백성들의 고혈이다.

백성에게 모질게 하기는 쉽지만,

위에 있는 하늘은 속이기 어렵다."

3.

『동몽훈』童蒙訓에서 말하였다.

"관직을 맡았을 때 지켜야 할 세 가지 법도가 있다.

청렴과 신중과 근면이다.

이 세 가지를 알면 몸가짐을 바르게 할 수 있다."

4.

관직을 맡은 사람은 반드시 갑자기 성내는 일을 경계해야 한다. 옳지 않은 일을 알게 되면 성내지 말고 자세히 살펴 처리해야 한다. 먼저 성을 내면 자신에게 해로울 뿐, 일이 제대로 처리되지 않는다.

5.

나랏일을 맡았을 때는 마음을 다해야 한다.

임금 섬기기를 부모 섬기는 것과 같이 하며,

윗사람 섬기기를 집안의 형을 섬기듯이 한다.

동료를 집안 사람처럼 대하고,

아랫사람을 자기 집의 노복처럼 대한다.

백성 사랑하기를 아내와 자식을 사랑하듯 하며,

관청에서 맡은 일은 집안일처럼 한다.

그런 후에야 나의 마음을 다했다고 하는 것이다.

만약 털끝만큼이라도 이르지 못한 것이 있다면,

내 마음에 다하지 못한 바가 있는 것이다.

_ 치정[治政; 나라를 다스림]편

7-7.
먼저 자신을 바르게 한다

1.

어떤 사람이 정이천程伊川 선생에게 물었다.

"현령을 보좌하는 주부가 있습니다. 주부가 하고자 하는 일을 현령이 승낙하지 않으면 어떻게 해야 합니까?"

이천 선생이 대답했다.

"마땅히 성의誠意를 다하여 현령을 움직여야 한다. 만약 현령과 주부가 불화한다면 이것은 사적인 의견으로 다투는 것이다.

현령은 한 고을의 우두머리이니 아버지와 형을 섬기는 도리로 그를 섬겨야 한다. 허물이 있으면 자기에게 돌리고 잘한 일은 그 공을 현령에게 돌려야 한다.

이러한 성의를 쌓아 간다면 어찌 현령의 마음을 움직이지 못하겠는가?"

2.

유안례劉安禮가 백성을 대하는 도리에 대해 물었다.

명도 선생이 대답하였다.

"백성들로 하여금 제각기 그들의 뜻을 펴도록 하라."

아전을 부리는 방법을 물었다.

"자신이 바르게 행동하면 그들도 바르게 될 것이다."

3.

갈홍葛洪의 『포박자』抱朴子에서 말하였다.

"임금에게는 죽음을 각오하고 바르게 간언해야 한다.

삶아지는 형을 당하더라도 바른 말을 다 하는 것이 충신이다."

_ 치정[治政; 나라를 다스림]편

7-8.
가화만사성(家和萬事成)

1.

사마온공司馬溫公이 말하였다.

"낮은 자리에 있거나 나이가 어린 사람은 일이 크거나 작거나 가리지 말고 반드시 집안 어른에게 여쭤보고 행해야 한다. 자기 멋대로 판단하고 행해서는 안 된다."

2.

손님을 접대할 때는 넉넉하게 해야 하지만, 집안의 살림살이는 검소하게 해야 한다.

3.

강태공이 말하였다.

"어리석은 남편은 아내를 두려워하고,

현명한 여인은 남편을 공경한다."

4.

집안의 노복을 부릴 때에는 먼저 그들이 배고픈지 추운지를 염두에 두어야 한다.

5.

자식이 효도하면 부모가 즐겁고,

집안이 화목하면 모든 일이 이루어진다.

6.

항상 불이 나는 것을 대비하고,

밤마다 도둑이 오는 것을 방지해야 한다.

7.

『경행록』에서 말하였다.

"아침부터 밤까지 하루의 일과를 보면,

그 집안의 흥망을 알 수 있다."

8.

문중자文中子: 중국 수나라의 사상가 왕통(王通)가 말하였다.

"결혼하면서 오고가는 재물을 논하는 것은

오랑캐가 하는 짓이다."

_ 치가[治家: 집안을 다스림]편

명심보감

8부

예(禮)로써 완성하는 사회

8-1.
인륜에서 가장 중요한 것

1.

『안씨가훈』顔氏家訓에서 말하였다.

사람이 사는 세상은 부부의 결합이 있은 후에,

아버지와 자식이 생겨난다.

아버지와 자식이 생겨난 뒤에,

형과 동생이 있게 된다.

한 집안의 피붙이는 부부, 부자, 형제 삼친三親이다.

여기서부터 구족九族에 이른다.

구족은 나를 중심으로

위로는 고조할아버지, 증조할아버지, 할아버지, 아버지이고,

아래로는 자식, 손자, 증손자, 현손자, 고손자인

모든 친척을 가리킨다.

구족의 근본은 삼친이다.

인륜에서 가장 귀중하니 화목하게 지내야 한다.

2.

장자가 말하였다.

"형제는 수족手足과 같고, 부부는 의복과 같다.

의복이 해지면 새것으로 갈아입을 수 있지만

끊어진 손발은 이어붙이기 어렵다."

3.

소동파蘇東坡가 말하였다.

"대장부는 부유한 친척이라고 특별히 가까이 지내지 않고,

가난한 친척이라고 멀리하지 않는다.

부유한 친척을 자주 찾아가고,

가난한 친척을 멀리하는 것은 소인배이다."

_ 안의[安義: 의로움에 편안함]편

8-2.
예의가 있으면 저절로 이루어진다

1.

공자가 말하였다.

"집안에서 예禮에 맞게 생활하면 저절로 어른과 아이의 분별이 생긴다.

집안의 여자들이 예에 맞게 생활하면 부모와 형제가 화목하게 된다.

조정에서 예가 지켜지면 관리들의 서열이 제대로 선다.

사냥터에서 예가 지켜지면 군사 훈련이 저절로 된다.

군대의 일을 예에 맞게 처리하면 무공이 이루어진다."

2.

공자가 말하였다.

"군자가 용기를 앞세우고 예의가 없으면 난을 일으킨다.

소인이 용기만 있고 예의가 없으면 도적이 된다."

3.

증자曾子가 말하였다.

"조정의 관리는 벼슬 순서를 우선으로 하고

마을에서는 나이의 많고 적음을 우선으로 한다.

세상을 돕고 백성을 다스리는 데는 덕德이 가장 우선이다."

4.

늙은이와 젊은이, 어른과 아이의 구별은 하늘이 정한 것이다.

이치를 어기고 도道를 손상시켜서는 안 된다.

5.

문을 나서면 마을의 어른들을 귀한 손님처럼 대하라.

방에 들어설 때는 다른 사람이 있는 것처럼 신중하게 행동하라.

6.

다른 사람이 나를 정중히 대해 주기를 바란다면

내가 먼저 다른 사람을 정중히 대해야 한다.

7.

아버지는 다른 사람 앞에서 아들의 덕을 자랑하지 않고,

자식은 아버지의 잘못을 말하지 않는다.

_ 준례[遵禮: 예의를 따름]편

8-3.
한 마디의 말도 경계하라

1.

유회劉會가 말하였다.

"이치에 맞지 않는 말은 하지 않는 것만 못하다."

2.

한 마디 말이라도 이치에 맞지 않으면 천 마디 말도 쓸모가 없다.

3.

군평君平이 말하였다.

"입과 혀는 재앙과 근심을 불러오는 문이고,

자신을 죽이는 도끼이다."

4.

다른 사람을 이롭게 하는 말은 솜처럼 따뜻하고,
다른 사람을 해치는 말은 가시처럼 뾰족하다.
한 마디 말로 사람을 이롭게 할 수 있으니,
그 가치가 천금과 같다.
한 마디 말로 사람을 상하게 하니,
아프기가 칼로 베는 것과 같다.

5.

입은 사람을 상하게 하는 도끼가 될 수 있고,
말은 혀를 베는 칼이 될 수 있다.
입을 막고 혀를 감춘다면,
어디에서나 몸이 편안하다.

6.

사람을 만나서는 십 분의 삼만 말하고,
속마음을 모두 토로해서는 안 된다.
호랑이는 입이 세 개라도 두려울 것이 없다.
세상 사람의 두 마음이 참으로 두려운 것이다.

7.

나를 알아주는 친구를 만나면 천 잔의 술도 부족하다.

뜻이 맞지 않은 친구는 한 마디 말도 아깝다.

_ 언어[言語: 말조심]편

8-4.
좋은 친구와 함께하라

1.

공자가 말하였다.

"좋은 친구와 함께 지내면 난초가 있는 방에 있는 것과 같으니,

그 향기를 오래 맡지 않아도 나에게 스며들 것이다.

좋지 않은 친구를 사귀면 생선가게에 들어간 것과 같으니,

그 악취를 오래 맡지 않았더라도 나에게 스며들 것이다.

붉은 염료를 지니고 있으면 나도 붉어지고,

검은 염료를 지니고 있으면 나도 검게 된다.

군자는 반드시 같이 지내는 친구를 신중히 택해야 한다."

2.

『공자가어』孔子家語에서 말하였다.

"좋은 사람과 동행하면 마치 안개 속을 가는 것과 같아서 물기

가 서서히 배어든다.

무식한 사람과 동행하면 변소에 앉아 있는 것과 같아서 악취가 배게 된다."

3.

공자가 말하였다.

"제나라의 안평중은 사람과 사귀기를 잘하였다.

오래도록 서로 존중하였다."

4.

서로 얼굴을 알고 지내는 사람은 많고도 많다.

하지만 마음까지 아는 사람은 얼마 되지 않는다.

5.

술 마시고 좋은 음식을 먹을 때 호형호제呼兄呼弟하는 수천 명이 있더라도,

급하고 어려울 때 도와주는 친구가 한 명도 없을 수 있다.

6.

열매를 맺지 않는 꽃은 심지 말라.

의리가 없는 친구는 사귀지 말라.

7.

군자의 사귐은 물처럼 담박하다.

소인의 사귐은 단술처럼 달콤하다.

8.

먼 길을 가야 말의 힘을 알 수 있고,

오래 사귀어야 사람의 마음을 알 수 있다.

_ 교우[交友: 좋은 친구를 사귐]편

8-5.
부녀자의 네 가지 덕

1.

『익지서』益智書에서 말하였다.

"여자에게는 네 가지 아름다운 덕[四德]이 있다.

첫째는 부녀자로서 갖추어야 할 덕[婦德]부인의 덕이다.

둘째는 부녀자로서 갖추어야 할 용모[婦容]부인의 용모이다.

셋째는 부녀자로서 갖추어야 할 말씨[婦言]부인의 말이다.

넷째는 부녀자로서 갖추어야 할 솜씨[婦工]부인의 일이다."

2.

부녀자의 덕[婦德]은 재주가 남달리 뛰어난 것을 말하는 것이 아니다. 맑고 절개가 곧으며 분수를 지키고 몸가짐을 바르게 하는 것이다. 행동거지에 염치가 있고 언행에 법도가 있는 것이 부덕이다.

3.

부녀자의 용모[婦容]는 얼굴이 아름답고 고운 것을 말하는 것이 아니다. 옷차림을 청결히 하며 목욕을 때에 맞추어 하여 몸에 더러움이 없게 하는 것이 부용이다

부녀자의 말씨[婦言]는 말을 잘하는 것이 아니다. 말을 가려서 하여 예의에 어긋나지 않고, 꼭 해야 할 말을 하여 다른 사람이 그 말을 싫어하지 않는 것이 부언이다.

부녀자의 솜씨[婦工]는 손재주가 남보다 뛰어난 것이 아니다. 길쌈을 부지런히 하고, 음식 맛을 제대로 갖추어 손님을 잘 대접하는 것이 부공이다.

4.

이 네 가지 아름다운 덕은 부녀자가 빠뜨려서는 안 되는 것으로 행하기 어렵지 않다. 바르게 행하는 데 힘쓴다면 부녀자의 예절을 갖추게 된다.

_ 부행[婦行: 부녀자의 덕행]편

8-6.
어진 아내

1.

강태공이 말하였다.

"부녀자가 말을 할 때는 목소리를 부드럽게 해야 한다."

2.

어진 아내는 남편이 다른 사람의 존경을 받게 하고,

못된 아내는 남편이 다른 사람에게 비난을 받게 한다.

3.

집안에 어진 아내가 있으면 밖에서 남편이 뜻밖의 재앙을 만나지 않는다.

4.

어진 아내는 친척 간에 화목하게 하고,

간사한 아내는 친척 간의 화목을 깨뜨린다.

_ 부행[婦行; 부녀자의 덕행]편

『명심보감』 원 체재(體裁)와 이 책에서 다룬 부분

『명심보감』 원 체재	『낭송 명심보감』에 나온 부분 (괄호 안은 해당 장의 이 책 본문 쪽수)
제1편 계선繼善 [선함을 이음]	1-1. 선한 일과 악한 일 (20) 1-2. 선을 행하여야 하는 이유 (22) 1-3. 선한 일에 힘써라 (24)
제2편 천명天命 [천명을 두려워함]	1-4. 하늘은 사람의 마음속에 있다 (26) 1-5. 하늘에 죄를 지으면 빌 곳이 없다 (28)
제3편 순명順命 [천명을 따름]	1-6. 어쩔 수 없는 것이 있다 (30)
제4편 효행孝行 [효를 행함]	2-1. 자식의 도리 (34) 2-2. 효를 행하면 (36)
제5편 정기正己 [몸을 바르게 함]	2-3. 다른 사람에게 배우다 (37) 2-4. 경계해야 할 일 (40) 2-5. 삼가고 또 삼가라 (44) 2-6. 마음을 진실되게 깨우치는 글 (48)
제6편 안분安分 [분수에 편안함]	3-1. 만족함을 아는 삶 (52)

※현재 우리나라에서 통용되는 『명심보감』은 이상과 같은 체재의 『명심보감』 '초략본'에 「증보」增補, 「팔반가」八反歌, 「효행」孝行, 「염의」廉義, 「권학」勸學의 5편이 덧붙여진 25편의 형태이다.